essentials

Essentials liefern aktuelles Wissen in konzentrierter Form. Die Essenz dessen, worauf es als „State-of-the-Art" in der gegenwärtigen Fachdiskussion oder in der Praxis ankommt, komplett mit Zusammenfassung und aktuellen Literaturhinweisen. Essentials informieren schnell, unkompliziert und verständlich

- als Einführung in ein aktuelles Thema aus Ihrem Fachgebiet
- als Einstieg in ein für Sie noch unbekanntes Themenfeld
- als Einblick, um zum Thema mitreden zu können.

Die Bücher in elektronischer und gedruckter Form bringen das Expertenwissen von Springer-Fachautoren kompakt zur Darstellung. Sie sind besonders für die Nutzung als eBook auf Tablet-PCs, eBook-Readern und Smartphones geeignet.

Essentials: Wissensbausteine aus Wirtschaft und Gesellschaft, Medizin, Psychologie und Gesundheitsberufen, Technik und Naturwissenschaften. Von renommierten Autoren der Verlagsmarken Springer Gabler, Springer VS, Springer Medizin, Springer Spektrum, Springer Vieweg und Springer Psychologie.

Anabel Ternès · Ian Towers · Eva Kuprella

Capacity-Management im Zeitalter der Wissensgesellschaft

Trends: Wissensmanagement und Ressource Wissen

Springer Gabler

Prof. Dr. Anabel Ternès
Institut für Nachhaltiges Management
Berlin
Deutschland

Prof. Dr. Ian Towers
Institut für Nachhaltiges Management
Berlin
Deutschland

M.A. Eva Kuprella
Nonnenhorn
Deutschland

ISSN 2197-6708   ISSN 2197-6716 (electronic)
essentials
ISBN 978-3-658-12837-1   ISBN 978-3-658-12838-8 (eBook)
DOI 10.1007/978-3-658-12838-8

Die Deutsche Nationalbibliothek verzeichnet diese Publikation in der Deutschen Nationalbibliografie; detaillierte bibliografische Daten sind im Internet über http://dnb.d-nb.de abrufbar.

Springer Gabler
© Springer Fachmedien Wiesbaden 2016

Gedruckt auf säurefreiem und chlorfrei gebleichtem Papier

Springer Fachmedien Wiesbaden ist Teil der Fachverlagsgruppe Springer Science+Business Media
(www.springer.com)

Was Sie in diesem Essential finden können

- Was ist unter dem Begriff der Wissensgesellschaft zu verstehen?
- Welche Implikationen hat die Entwicklung hin zur Wissensgesellschaft für Unternehmen und Arbeitnehmer?
- Wie gehen Unternehmen mit diesem Trend um?
- Welche Wissensmanagementwerkzeuge gibt und wie werden diese im Unternehmen eingesetzt?
- Fallbeispiele zum Einsatz von Wissensmanagementlösungen.
- Ergebnisse aus der Marktforschung zum Einsatz von Wissensmanagementmethoden und Handlungsempfehlungen für Unternehmen.

Inhaltsverzeichnis

Einleitung: Die Bedeutung der Ressource Wissen

1

In politischen, medialen und wirtschaftlichen Diskursen scheint die Vision der Wissensgesellschaft allgegenwärtig (Gemperle 2009). In dieser Vorstellung der Wissensgesellschaft gilt die Ressource Wissen als die wichtigste und ökonomisch wertvollste der Gegenwart und Zukunft und wird zum „zentralen Produktionsfaktor" (Gemperle 2009, S. 1). Zudem wurde die Wissensgesellschaft im Lissabonner Sondergipfel im März 2000 zu einem strategisches Leitgedanken der Europäischen Union erklärt (Europäisches Parlament 2000).

Weshalb der Ressource Wissen und dem Begriff der Wissensgesellschaft eine solche Relevanz zugeschrieben wird, was sich hinter diesen beiden Begriffen verbirgt sowie welche Bedeutung sie für Unternehmen haben und was in diesem Zusammenhang Capacity-Management bedeutet, darüber gibt dieses Springer Essential zum Thema Wissensgesellschaft und ihre Bedeutung für Unternehmen Aufschluss, durch Beispiele aus der Praxis und praxisrelevante Handlungsempfehlungen.

Dieses Springer Essential gibt einen kompakten, aktuellen und praxisrelevanten Überblick über die Bedeutung des Megatrends der Wissensgesellschaft. Wissen als die neue zentrale Ressource stellt gerade in industrielastigen Ländern viele Unternehmen vor die Aufgabe, ein grundsätzliches Umdenken in ihrer Organisation herbeizuführen, und zwar von der Führungsebene bis hin zu den Mitarbeitern in Routinetätigkeiten. Maschinen, Anlagen und materielle Werte sind nach wie vor entscheidend für den Unternehmenserfolg, jedoch lässt sich ein immer größerer Teil des Erfolges aus wissensbasierten Entscheidungen und einem sinnvollen Wissensmanagement generieren. Dabei können Wissensmanagementwerkzeuge wie Wikis, Groupware bzw. Collaboration-Management-Systeme, strukturierte Wissensdatenbanken und Enterprise Search Engines hilfreich sein. Wichtig ist es jedoch zu bedenken, dass die informationstechnologische Lösung nur eine Komponente des Wissensmanagements darstellt und nicht die vollständige Lösung. Es

© Springer Fachmedien Wiesbaden 2016

A. Ternès et al., *Capacity-Management im Zeitalter der Wissensgesellschaft,*
essentials, DOI 10.1007/978-3-658-12838-8_1

1

ist zudem wichtig, die Mitarbeiter an die Anwendung heranzuführen und mit der Materie Wissensmanagement vertraut zu machen. Welche Lösung die richtige für die eigene Organisation ist, gilt es im Vorfeld gründlich abzuwägen. Kapitel 2 liefert das theoretische Fundament zum Verständnis der Definition einer Wissensgesellschaft und erklärt damit verbundene Begriffe wie Wissensarbeit, Knowledge Economy und Big Data. Kapitel 3 gibt einen Überblick über die verschiedenen Wissensmanagementwerkzeuge und einen Einblick in deren Implementierung im Unternehmen anhand von drei Praxisbeispielen. Kapitel 4 beinhaltet Handlungsempfehlungen, Tipps und Vorgehensweisen für Unternehmen, die sich neu mit dem Thema Wissensmanagement in ihrer Organisation befassen oder das aktuelle Wissensmanagement überprüfen und verbessern möchten. Die Vielschichtigkeit dieses Megatrends ist die Herausforderung, der sich Unternehmen gegenübersehen, um auch künftig wettbewerbsfähig zu bleiben. Entwicklungen, die unter dem Begriff der Wissensgesellschaft vereint werden können, stellen Unternehmen vor Herausforderungen, welche von so grundlegendem und vielschichtigem Charakter sind, wie es nur bei einem sogenannten Megatrend der Fall ist. Gesellschaft, Politik und Wirtschaft wandeln sich in ihren alltäglichen Strukturen so sehr, dass es unmöglich ist, sich dieser Entwicklung zu verwehren. Wie dieses Essential zeigt, setzen bereits einige Organisationen Methoden des Wissensmanagements um, dennoch ist das Thema für den Großteil der Unternehmen neu, und es fehlt an Informationen und Erfahrungswerten. Genau hier will dieses Springer Essential einen Beitrag leisten.

2.1 Begriffsdefinition und Limitierung

2.1.1 Information, Daten und Wissen

Für das Verständnis und die Definition der Wissensgesellschaft ist die trennscharfe Unterscheidung der Begriffe Information, Daten und Wissen grundlegend. Häufig werden diese jedoch unscharf, synonym und inkonsistent verwendet. Daten sind als Grundelement oder auch Rohstoff zu verstehen, welche allein und unverarbeitet noch keine Information liefern (North 2011, S. 36). Daten können aus Zahlen, Sprache, Bildern oder Text bestehen (Müller 2009, S. 26). Zur Information werden Daten dann, wenn sie in einen Bedeutungszusammenhang gebracht und interpretiert werden und somit als Grundlage für Entscheidungen dienen (North 2011, S. 37). Doch auch aus einer Interpretation gewonnene Informationen werden erst dann hilfreich, wenn diese anderen vergleichbaren Informationen aus Gegenwart oder Vergangenheit gegenübergestellt werden, wie es beispielsweise im Benchmarking der Fall ist. Wissen wiederum ist kontextgebunden und personenabhängig (North 2011, S. 37).

> Wissen bezeichnet die Gesamtheit der Kenntnisse und Fähigkeiten, die Individuen zur Lösung von Problemen einsetzen. Wissen stützt sich auf Daten und Informationen, ist im Gegensatz zu diesen jedoch immer an Personen gebunden. (Probst et al. 2006, S. 30)

Wissen existiert nur dann, wenn es von einer Person konstruiert wird und Aussagen über die Erwartungen gegenüber der Zukunft generiert. North (2011) ergänzt an dieser Stelle, dass es aufgrund dieser Definition keine Wissensdatenbanken geben kann, jedoch gibt es sehr wohl Datenbanken, welche zur Speicherung von Informationen dienen, die durch den Bezug zu einem Kontext sowie die

© Springer Fachmedien Wiesbaden 2016
A. Ternès et al., *Capacity-Management im Zeitalter der Wissensgesellschaft,*
essentials, DOI 10.1007/978-3-658-12838-8_2

Verarbeitung durch das Bewusstsein eines Individuums in Wissen umgewandelt werden können.

Ein weiteres Begriffspaar, welches an dieser Stelle einer genaueren Betrachtung bedarf, ist Metadaten und Orientierungswissen. Metadaten sind Daten, die wiederum Daten beschreiben und aus der Aggregation einer Vielzahl von Daten gewonnen werden. Daraus gewonnene Informationen dienen als wertvolle Entscheidungsgrundlage (Cachelin 2014). Cachelin (2014) bezeichnet dies weiter als eine differenzierende Wissensform im digitalen Zeitalter. Als zweite differenzierende Wissensform nennt er das Orientierungswissen. Mit der zunehmenden Menge an Wissen und der weiteren Beschleunigung und Vervielfältigung gehen eine gewisse Unsicherheit und ein Wertverlust je Wissenseinheit einher. Diese Unsicherheit erfordert Orientierungswissen in der Menge der Information (Cachelin 2014).

> Zudem kommt es im digitalen Zeitalter nicht mehr darauf an, sein Wissen möglichst gut zu dokumentieren. Wichtiger ist die Fähigkeit, Wissen auf neue Art und Weise zu kombinieren. Es geht weniger um den Rohstoff […] als um Metadaten und Orientierungswissen. (Cachelin 2014, S. 11)

2.1.2 Die Wissensgesellschaft und ein veränderter Wissensbegriff

Der Diskurs über die Definition einer Gesellschaftsform im zeitlichen Vergleich ist so alt wie die Soziologie selbst (Bittlingmayer 2001). Das Bedürfnis nach dieser Definition wurzelt in dem Wunsch nach Orientierung aufgrund zunehmender Komplexität und stetigem Wandel.

> Wenn sich gesellschaftliche Bedingungen für eine Mehrzahl von Menschen erfahrbar wandeln, kommen Zeitdiagnosen ins Spiel. Sie bieten einen schlüssigen Erklärungsversuch an. (Kajetzke und Engelhardt 2013, S. 29)

Der Begriff der Wissensgesellschaft ist eine solche Zeitdiagnose und eine sehr erfolgreiche noch dazu. Die Bezeichnung „Wissensgesellschaft" als Definition einer Gesellschaft oder einer Zeitdiagnose wird vorwiegend in den Geisteswissenschaften verwendet. Trendforschungsinstitute und Unternehmensberatungen in ihren Trendstudien sprechen von der Wissensgesellschaft als einem Megatrend, dem das Potenzial zugeschrieben wird, Gesellschaft, Wirtschaft, Kultur und Privatleben grundlegend zu beeinflussen und zu verändern.

Die von Daniel Bell (1976) beschriebene Postindustrielle Gesellschaft wird als konzeptueller Hintergrund des gegenwärtigen Diskurses zur Wissensgesellschaft zitiert. Dabei ist die Bezeichnung der Wissensgesellschaft als Definition einer

Gesellschaftsform zu verstehen, welche es ermöglicht, die Struktur und Organisation einer Gesellschaft in all ihren sozialen Facetten mit einer anderen Gesellschaftsform zu vergleichen. Maßgebend für Bells beschriebene Gesellschaftsform ist ein grundlegender Strukturwandel dieser Gesellschaft, der von der industriellen zur postindustriellen Gesellschaft führt. Als entscheidende Merkmale dieser neuen Gesellschaftsform beschreibt er die zentrale Rolle des Wissens und eine zunehmend auf Dienstleistung basierende Wirtschaft (Bell 1973).

Für Bell (1973, S. 219) gründet sich die Wissensgesellschaft u. a. darauf, dass die zentrale „Stellung des theoretischen Wissens eine neue Beziehung zwischen Wissenschaft und Technologie" herausbildet und auch die Bevölkerung den Wert des Wissens höher einstuft, da ein steigender Anteil in entsprechende Sektoren beschäftigt ist. Die postindustrielle Gesellschaft unterschiedet sich also insofern von der Industriegesellschaft, als Merkmale der vorangegangen, wie die Vorrangstellung des „Erfahrungswissen[s], die Dominanz des industriellen Sektors, durch manuelle Tätigkeiten und die Auseinandersetzungen zwischen Kapital und Arbeit" durch neue Logiken ersetzt wurden (Heidenreich 2002, S. 5). In den 1980er Jahren schließt sich Bell (1982) ebenfalls an die Verwendung des Begriffs der Informationsgesellschaft an und versucht, diesen mit seiner postindustriellen Gesellschaft zu verbinden. Während sich der Begriff der Informationsgesellschaft in der Regel auf den Teilbereich des technischen und kommunikativen Wandels bezieht, ist der Begriff der Wissensgesellschaft umfassender und schließt die technische Entwicklung mit ein.

In den 1990er Jahren wurde der Begriff der Wissensgesellschaft aufgegriffen und weiter bearbeitet. Während der Begriff sich in den 1970er Jahren hauptsächlich auf den technischen Fortschritt und eine damit einhergehende bessere wissensbasierte Planbarkeit stützte, ist die heutige Auffassung, „dass gerade der wissensgesellschaftliche Wandel jede rationale Planung gesellschaftlicher Entwicklungen aufgrund der damit verbundenen ungeheuren Dynamik unmöglich werden lässt" (Krüger-Charlé 2007, S. 4). Produktionsprozesse werden beschleunigt, und die Virtualität lässt Raum und Zeit an Bedeutung verlieren (Krüger-Charlé 2007). Diese Verminderung von Planbarkeit spielt eine zentrale Rolle und deutet bereits auf die Relevanz von Wissensgenerierung zur Entscheidungsfindung und Risikominimierung hin.

Krüger-Charlé bestätigt die Entwicklung hin zur Wissensgesellschaft anhand folgender Beobachtung:

> Als zentrale Merkmale der sich wandelnden gegenwärtigen Strukturen moderner Gesellschaften lassen sich die Internationalisierung der Produktion, die Ausdehnung des Welthandels, die eher dem Muster einer Triadisierung als dem der Globalisierung folgt, und der rasante Bedeutungsanstieg der Finanz-, Kapital- und Devisenmärkte

herausstellen. Diese Momente bezeichnen in der Tat einen empirisch evidenten und auf die Ebene gesellschaftlicher Makrostrukturen bezogenen Wandel. (Krüger-Charlé 2007, S. 9)

Krüger-Charlé (2007, S. 9 f.) bietet zudem eine hilfreiche Gliederung zur Betrachtung der Wissensgesellschaft auf verschiedenen Ebenen der Gesellschaft. Er unterteilt, wie im Zitat beschrieben, in die Makroebene, in die Mesoebene, welche Institutionen und Organisation betrachtet, und schließlich in die Mikroebene, welche den Blick auf Subjekte und ihre Handlungen richtet. Nachdem hier nun bereits ein Einblick in die Bedeutung der Wissensgesellschaft auf der Makroeben aus Sicht verschiedener Akteure des wissenschaftlichen Diskurses gegeben wurde, gehen wir im Weiteren überwiegend auf die Bedeutung der Wissensgesellschaft für die Meso- in Beziehung mit der Mikroebene ein.

Ein weiterer Begriff, der im Zusammenhang mit der Wissensgesellschaft verwendet wird und einer Erklärung bedarf, ist *die* Knowledge Economy. Ähnlich wie der Begriff der Wissensgesellschaft unterscheidet der Begriff der Knowledge Economy die Definition einer vorherrschenden Wirtschaft im Vergleich zu den vorangegangen. So betont die Knowledge Economy den Kern einer Wirtschaft, der auf Innovation, Wissen und Information beruht, im Vergleich zu agrar- oder industrielastigen Wirtschaftssystemen. Um erfolgreich zu sein, bedarf es in der Knowledge Economy eines Umdenkens. Die Ressource Wissen und Bildung wird zur wichtigsten Ressource des Wirtschaftssystems. Folgende Definition geben Walter W. Powell und Kaisa Snellman in ihrem Paper über die Knowledge Economy:

> We define the knowledge economy as production and services based on knowledge-intensive activities that contribute to an accelerated pace of technical and scientific advance, as well as rapid obsolescence. The key component of a knowledge economy is a greater reliance on intellectual capabilities than on physical inputs or natural resources. (Powell und Snellman 2004, S. 199)

Neben der Überprüfung, ob und weshalb von einer Knowledge-based Economy zu sprechen ist, verweisen sie auf die Entstehung neuer Industriezweige, welche hauptsächlich mit immateriellen Gütern arbeiten und auf Wissen basieren, wie beispielsweise „knowledge management services among consulting firms" oder auch nur „selling information technology and related services" (Powell und Snellman 2004, S. 199 f.). Konkret sind das u. a. nach Heidenreich (2002, S. 7) „Unternehmensberatungen, Investmentbanken, Broker, Softwarelabors oder Werbeagenturen – die nahezu schon klassischen Beispiele für wissensintensive Tätigkeiten [...]."

Wird Wissen in der Wissensgesellschaft sowie deren Ökonomie als zentrale Ressource angesehen, gilt es, einige Besonderheiten dieser Ressource zu beachten. Denn Wissen und Information verhalten sich grundsätzlich anders als materielle

Waren und Güter. Einerseits geht beim Verkauf von Wissen dieses an Käufer über, bleibt aber gleichzeitig dem Produzenten und Verkäufer erhalten (Stehr 2001), was u. a. den Gedanken des Teilens von Wissen nahe legt. Andererseits sind dem Wachstum von Wissen keine Grenzen gesetzt (Weber 1992). Beispielhaft für die möglichen Komplikationen aufgrund der Besonderheiten dieser „Ware" ist die Debatte um die Urheber- und Leistungsschutzrechte, welche seit geraumer Zeit und immer wieder aufkommt. Ein weiterer wichtiger Aspekt für die Bedeutung des Wissensbegriffs im 21. Jahrhundert wird von Niklas Luhmann (1994) ergänzt, der Wissen als „,veränderungsbereite', als wahr geltende kognitive Schemata, die den Umweltbezug sozialer und psychischer Systeme regeln" beschreibt. Heidenreich (2002, S. 6) ergänzt an dieser Stelle, dass diese kognitiven Schemata „durch einen enttäuschungs- und lernbereite[n] Umgang mit den eigenen Erwartungen gekennzeichnet" sind. Durch die Verbindung aus Wahrnehmung, Handeln und der Welt, die eine Person umgibt, wir diese Reflexion erst möglich, welche hier als Wissen verstanden wird und nach Nico Stehr (1994, S. 208) mit der „Fähigkeit zum sozialen Handeln (Handlungsvermögen)" gleichgesetzt werden kann.

2.1.3 Implizites und explizites Wissen

Spricht man von Wissen, so ist die Unterscheidung von implizitem und explizitem Wissen unumgänglich. Der Ökonom Friedrich August von Hayek (1945) spricht in seiner Arbeit „The Use of Knowledge in Society" von rationaler Kenntnis in Bezug auf explizites Wissen, welches im Gegensatz zu implizitem Wissen bewusst vorhanden ist. Hayek geht davon aus, dass der größere Teil des Wissens eines Individuums aus implizitem Wissen besteht, also Wissen, das diese Person sich aufgrund ihrer Erfahrung und Tätigkeiten angeeignet hat. Dieses Wissen muss nicht bewusst vorliegen, was die bereits erwähnte Personengebundenheit verdeutlicht. Da dieses Wissen nicht einfach kommuniziert und vermittelt werden kann, zeigt sich hier deutlich, dass sinnvolles Wissensmanagement keine bloße Wissensdatenbank sein kann, sondern eine Lösung, die es den räumlich verteilten Individuen ermöglicht, die relevanten Entscheidungen aufgrund ihres Wissens zu treffen (Richter 2010).

2.1.4 Weitere Begrifflichkeiten im Zeitalter der Wissensgesellschaft

Im Zusammenhang mit der Wissensgesellschaft werden viele neue Begriffe verwendet, nicht immer einheitlich oder eindeutig. Deshalb soll dieser Abschnitt zu einem eindeutigeren Verständnis einer Auswahl dieser Begriffe verhelfen.

a. Lebenslanges Lernen

Eine Studie zu den „Trends und Szenarien für die berufliche Bildung für den Zeitraum von heute bis 2035" im Auftrag des Bundesministeriums für Bildung und Forschung unterstützt die These, dass lebenslanges Lernen immer wichtiger und „gesellschaftliche Realität" wird (Pfeiffer und Kaiser 2009, S. 59). Lebenslanges Lernen bedeutet, dass Lernen nicht mehr auf einen bestimmten Lebensabschnitt beschränkt ist, sondern bereits erworbene Fähigkeiten immer wieder angepasst und erweitert werden müssen. „Nur so können persönliche Orientierung, gesellschaftliche Teilhabe und Beschäftigungsfähigkeit erhalten und verbessert werden" (Bundesministerium für Bildung und Forschung 2013). Weiterhin spricht das Bundesministerium für Bildung und Forschung auch die Arbeitgeber direkt an:

> Unternehmen und Verwaltungen müssen ihre Personalentwicklung noch stärker als bisher am Lernen im Lebenslauf und damit auf die bedarfsorientierte, fortlaufende Qualifizierung während der gesamten Lebensarbeitszeit ausrichten. (Bundesministerium für Bildung und Forschung 2013)

b. Big Data

Was ist Big Data? IBM beschreibt Big Data wie folgt:

> Big data is being generated by everything around us at all times. Every digital process and social media exchange produces it. Systems, sensors and mobile devices transmit it. Big data is arriving from multiple sources at an alarming velocity, volume and variety. To extract meaningful value from big data, you need optimal processing power, analytics capabilities and skills. (IBM 2014)

Diese Beschreibung von IBM deutet bereits auf eine zentrale Anforderung an Unternehmen im Zeitalter von Big Data hin. Capacity-Management ist das Stichwort. Kurz gesagt handelt es sich bei Capacity-Management um die Fähigkeit von Unternehmen, sich aus informationstechnologischer Sicht auf in der Zukunft liegende Anforderungen einzustellen und über Softwarelösungen zu verfügen bzw. diese so zu konfigurieren, dass sie den neuen Anforderungen und dem Wandel gerecht werden. Das Ziel ist es also, proaktiv zu sein und nicht auf bereits geschehenen Wandel zu reagieren, wenn sich abzeichnet dass die aktuelle Softwarelösung den Anforderungen nicht gerecht wird.

c. Wissensarbeit

Helmut Willke widmet sich in einem Artikel in der Zeitschrift für Soziologie dem Thema der organisierten Wissensarbeit. In der Einleitung betont er, dass es sich bei dem Begriff der Wissensarbeit nicht um ein Wissen von Experten handelt, welches sich diese in einem langjährigen Ausbildungsprozess angeeignet haben, wie z. B. Ärzte, Juristen, Lehrer und Wissenschaftler (Willke 1998, S. 161). Vielmehr zielt seine Definition von Wissensarbeit in die Richtung vom oben beschriebenen lebenslangen Lernen, aber noch darüber hinaus.

> Vielmehr erfordert Wissensarbeit im hier gemeinten Sinn, daß das relevante Wissen (1) kontinuierlich revidiert, (2) permanent als verbesserungsfähig angesehen, (3) prinzipiell nicht als Wahrheit sondern als Ressource betrachtet wird und (4) untrennbar mit Nichtwissen gekoppelt ist, so daß mit Wissensarbeit spezifische Risiken verbunden sind. (Willke 1998, S. 161)

Zudem nennt Willke (1998, S. 161) das „elaborierte(n) Zusammenspiel personaler und organisationaler Momente der Wissensbasierung" als Eigenschaft der Wissensarbeit, welche somit untrennbar an die Bedingung des Vorhandenseins von mehr als einer Person gebunden ist. Wissensarbeit kann also nur in einem System realisiert werden, das die reibungslose Kommunikation unter den Beteiligten zulässt.

d. Humankapital

2005 zum Unwort des Jahres gewählt, hat der Begriff des Humankapitals dennoch eine große Beliebtheit erfahren und Verwendung weit über die Grenzen der Wirtschaftswissenschaft hinaus gefunden (Spiegel Online 2005). Das Gabler Wirtschaftslexikon definiert den Begriff wie folgt:

> Das auf Ausbildung und Erziehung beruhende Leistungspotenzial der Arbeitskräfte (Arbeitsvermögen). Der Begriff Humankapital erklärt sich aus den zur Ausbildung dieser Fähigkeiten hohen finanziellen Aufwendungen und der damit geschaffenen Ertragskraft (Springer Gabler Verlag o. J.)

Es handelt sich also um ein Potenzial, welches durch Schaffung entsprechender Bedingungen und Investitionen realisiert und gefördert werden kann.

2.2   Unternehmen und Arbeitnehmer in der Wissensgesellschaft

Die Wissensgesellschaft und ihre Bedeutung können auf unterschiedlichen Eben erörtert werden (Krüger-Charlé 2007, S. 5). Auf der bereits angesprochenen Mesoebene lassen sich Organisationen und Institutionen in der Wissensgesellschaft betrachten. Der Wandels zur Wissensgesellschaft stellt neue Anforderungen an Unternehmen und Arbeitnehmer. Kontinuierlich befinden sich Märkte und speziell der Arbeitsmarkt in einem Wandel, welchem Unternehmen und Arbeitnehmer besondere Aufmerksamkeit schenken sollten. *„Wenn die Produkte und deren Prozesse modular, transparent und quasi austauschbar werden, müssen Wettbewerbsvorteile über die Mitarbeitenden und ihr Wissen erzielt werden"* (Cachelin 2014, S. 3). Das Wissen der Mitarbeiter wird zur erfolgsentscheidenden Ressource in der Wissensgesellschaft, und das Management von Wissen sowie die Ermöglichung von Zugriff auf dieses Wissen durch die Mitarbeiter sind nicht nur ein Wettbewerbsvorteil in diesem Zeitalter, sondern eine Voraussetzung, um im Wettbewerb bestehen zu können. Unternehmen müssen Überlegungen über geeignete Instrumente für das interne Wissensmanagement anstellen. Arbeitnehmer hingegen sind selbst verantwortlich für ihren Wissensstand, ihre Lern- und Innovationsfähigkeit, und zwar ein Leben lang (Cachelin 2014, S. 4). Cachelin beschreibt diese Entwicklung wie folgt:

> Der Tod des traditionellen Wissens setzt neue Wissensformen voraus, mit denen sich Unternehmen differenzieren können. Konkret geht es um Metadaten und Orientierungswissen. (Cachelin 2014, S. 4)

Es ist also nicht mehr das bloße Wissen allein, sondern vielmehr das Wissen über das Wissen. „Die Metadaten sind wichtiger als die Daten. Es interessiert zum Beispiel nicht mehr nur was kommuniziert wird, sondern wer mit wem kommuniziert" (Cachelin 2014, S. 14). Es stellt sich die Frage nach Entscheidungsgrundlagen auf Basis der Analyse einer unüberschaubaren Menge an Informationen, auch bekannt unter dem bereits erläuterten Begriff Big Data. Die gewonnen Muster aus der Analyse dienen dazu, möglichst sicher Zukunftsprognosen zu erstellen. Dies gilt für innerbetriebliche Fragen wie auch marktseitig (Cachelin 2014).

Eine weitere Entwicklung ist der Rückgang langfristiger vertraglicher Bindungen zwischen Unternehmen und Arbeitnehmer. Es entstehen neue Formen der Zusammenarbeit, welche durch offene Netzwerke, mehr Transparenz und freien Zugang zu Wissen ermöglicht werden (Cachelin 2014, S. 4). Mitarbeiter, deren Interessen und Fähigkeiten werden immer differenzierter, was es unmöglich werden lässt, allen Mitarbeitern mit einem homogenen Weiterbildungs- und Förderungsprogramm gerecht zu werden. Cachelin (2014, S. 13) spricht in diesem Zuge von Kompetenzcontrolling. Mitarbeiter sind aufgrund kürzerer Arbeitsverhältnisse und der daraus resultierenden fehlenden Weiterbildungsbudgets dazu gezwungen, sich selbst um ihre Weiterbildung zu kümmern. Das führt schließlich dazu, dass Unternehmen im Rahmen des Kompetenzcontrollings analysieren müssen, welche

Fähigkeiten aktuell im Unternehmen vorhanden sind und welche künftig nötig sein werden (Cachelin 2014).

Cachelin (2014) nennt die folgenden Vorteile der Analyse von Big Data im Unternehmen:

- Mitarbeiter müssen ihre Expertise nicht selbst erfassen. Das verringert den Aufwand und verhindert eine Verfälschung durch verzerrte Selbstbilder.
- Big Data lügt nicht. E-Mail- und Suchverhalten lassen sich nicht fälschen.
- Trends lassen sich schnell erkennen. Zum Beispiel ein drohender Burn-out oder das Identifizieren von Personen, denen eine Schlüsselposition in der Kommunikation zukommt.
- Vorhandene Kompetenzen und künftige Kompetenzdefizite lassen sich identifizieren.
- Big Data dient Mitarbeitern/Nutzern als Informationsquelle. Das kann bspw. ein Newsfeed zu einem Arbeitsschwerpunkt sein.

Cachelin (2014, S. 12) provoziert weiterhin mit der Aussage, dass das Wissensmanagement bereits tot sei. Wissensmanagement sei vergangenheitsorientiert, es diene reinen Dokumentationszwecken und sei auf das eigene Wissen begrenzt. Doch das reiche heute nicht mehr aus, er propagiert den Wandel vom Wissensmanagement zum sogenannten Innovationsmanagement. *„Das Wissensmanagement muss sich zum Innovationsmanagement wandeln, das Wissen also präventiv und proaktiv weiterentwickelt werden."* (Cachelin 2014, S. 12) Dass die These von Cachelin provokativ ist und nicht unbedingt den Tatsachen entspricht, lässt sich allein an der zunehmenden Zahl der Unternehmen erkennen, die Wissensmanagement in ihrer Organisation einführen (Kahlert et al. 2012). Wichtig jedoch ist die Aussage, die er trifft, denn diese ist neben dem Bewusstsein der Unternehmen, proaktiv und präventiv zu sein, auch auf den Begriff des Capacity-Managements übertragbar. Denn nicht nur die Organisation, sondern auch die informationstechnologische Infrastruktur muss präventiv und proaktive weiterentwickelt werden können. Somit ist es bei der Einführung und Umsetzung von Wissensmanagementmethoden grundlegend, sich Gedanken über eine entsprechende informationstechnologische Infrastruktur zu machen, die sich rechtzeitig und ohne immensen Aufwand auf neue Bedingungen einstellen kann.

Ein weiterer Aspekt im Hinblick auf Arbeitnehmer in der Wissensgesellschaft ist der Zuwachs von hochqualifizierten Wissensarbeitern. Dadurch steigt die Nachfrage nach Position in der Wirtschaft, in denen Wissensarbeiter ihre Fähigkeiten und ihr Wissen anwenden können. Nico Sehr (2005, S. 371) erklärt mit dieser Entwicklung, dass Wissensarbeiter die zunehmende Entstehung von Wissensarbeit selbst erst erzeugen. Andererseits steigt aber auch in Folge des technologisch-wissenschaftlichen Wandels und aufgrund neuer Technologien der Bedarf nach qualifizierten Arbeitnehmern auf der Seite der Unternehmen (Stehr 2005, S. 372).

2.3 Kritik und Grenzen der Wissensgesellschaft

Die Wissensgesellschaft soll per Definition die Nachfolge der Industrie-gesellschaft antreten, was aber weder in Deutschland noch in anderen Industrie- und Entwicklungsländern bedeutet, dass der Industriesektor weniger bedeutend für das Wachstum der Wirtschaft ist. Dass Argument des Rückgangs der Industriearbeitsplätze mag auf den ersten Blick einleuchten, führt aber bei genauerer Betrachtung zur der Erkenntnis einer gestiegenen Produktivität (Ptak 2008). Auch eine Vielzahl der Dienstleistungsunternehmen steht in direkter Verbindung zur Industrie und würde ohne diese nicht existieren (Ptak 2008). Das Postulat, dass die Industrienationen ihre Innovationsfähigkeit fördern und ausbauen müssen, um wettbewerbsfähig zu bleiben, ist nicht falsch, aber es bleibt fraglich, ob dies Grund genug ist, um von einer neuen Wirtschaftsform und konkret der Knowledge Economy zu sprechen (Ptak 2008). Ralf Ptak (2008) ergänzt, dass die Betrachtung von „Wissenschaft als größte[r] Produktivkraft" nicht neu ist und bereits von Adam Smith und Karl Marx als solche verstanden und beschrieben wurde. Keine Kritik an der Definition der Wissensgesellschaft selbst, sondern deren Auswirkung und Bedeutung für die Gesellschaft liefert der Soziologe Uwe H. Bittlingmayer. Trotz der Eigenschaft, dass Wissen sich unbegrenzt vervielfältigen und mit technischen Mitteln sekundenschnell verbreiten lässt, zeichnet sich keine Entwicklung hin zu einer Gleichverteilung von Wissen ab. Bittlingmayer (2001) spricht von der „Sozialen Polarisierung durch Wissen", was bedeutet, dass bestimmte soziale Gruppen nicht denselben Zugang zu Wissen haben und so u. a. geringere Chancen auf einen höheren Bildungsabschluss erhalten. Dadurch wird es den davon betroffenen Gruppen verweigert, an der sogenannten Wissensgesellschaft teilzuhaben (Bittlingmayer 2001). In seinem Buch „Wissensgesellschaft als Wille und Vorstellung" analysiert er den Diskurs um die Wissensgesellschaft ideologiekritisch und sieht darin eine Betonung und Verallgemeinerung bestimmter sozialer Gruppen und eine damit verbundene Legitimation und Absicherung von Herrschaft (Bittlingmayer 2001). Der Begriff der Wissensgesellschaft ist und bleibt eine Beschreibung und eine Zuschreibung und sollte gerade deshalb kontinuierlich hinterfragt und in Frage gestellt werden.

Beispiele aus der Praxis 3

3.1 Wissensmanagementwerkzeuge in Unternehmen

Bevor in diesem Abschnitt eine Auswahl an Praxisbeispielen aus der Wirtschaft näher behandelt wird, soll eingangs eine Übersicht der gängigen Wissensmanagementwerkzeuge sowie deren Eigenschaften und Vorteile skizziert werden. Grundlegend für die Entscheidung, welches Instrument für das unternehmensinterne Wissensmanagement das Richtige ist, ist eine zukunftsgerichtete und umfassende Evaluierung der Anforderungen und Gegebenheiten in der und im Umfeld der Organisation. Die zugrunde liegende Problemstellung ist grundsätzlich die zu verarbeitende und anzuwendende Menge an Wissen, welche die Kapazitäten einzelner Individuen bei weitem übersteigt (Richter 2010). Für diese Problemstellung soll im Rahmen des sogenannten Capacity-Managements eine Lösung gefunden werden. Richter beruft sich weiter auf Friedrich von Hayek (1945), der in seiner Theorie zur Wissensverwertung in der Gesellschaft die Behauptung aufstellt, dass nie von einem perfekt informierten und vollkommen rational handelnden Akteur, also dem Homo oeconomicus, ausgegangen werden kann. Die Ungleichverteilung von Wissen, welche jedem Individuum einen Vorteil z. B. durch einen Wissensvorsprung oder ein spezifisches Wissen durch Erfahrung zukommen lässt, bedingt, dass die Lösung des

> Problems der wirtschaftlichen Allokation und Nutzung von Wissen nicht durch die Einrichtung einer zentralen Institution zur Wissensverarbeitung und -verteilung gelöst werden kann, sondern nur dezentral durch viele getrennte Personen. (Richter 2010, S. 30)

Deshalb sollte es nicht das Ziel des Wissensmanagements sein, implizites Wissen in explizites umzuwandeln und dieses zentral zu archivieren und zu steuern, sondern die effiziente und gleiche Verteilung von Wissen. Den Individuen muss

© Springer Fachmedien Wiesbaden 2016
A. Ternès et al., *Capacity-Management im Zeitalter der Wissensgesellschaft,*
essentials, DOI 10.1007/978-3-658-12838-8_3

es ermöglicht werden zu interagieren und sich auszutauschen, um zusammen zu wirken (Richter 2010, S. 32). Unter idealen Bedingungen kann das Wissen aller am Prozess Beteiligten genutzt werden

An dieser Stelle kommen die Möglichkeiten der Informationstechnologie ins Spiel. Deutlich geworden sein sollte nun aber, dass technologische Lösungen zwar die Verarbeitung von immer größeren Datenmengen ermöglichen, ausschlaggebend aber dennoch der Mensch und die Interaktion von Individuen sind. Die Informationstechnologie sollte als hilfreiches Vehikel oder Werkzeug betrachtet werden, nicht jedoch als Lösung an sich. Informationstechnologie ermöglicht das einheitliche Wirken großer und dezentraler Personenmengen. „Ohne entsprechende Informationsgrundlagen könnten die Mitarbeiter nicht im Sinne des Unternehmens handeln" (Richter 2010, S. 33). Weitere Eigenschaften der Wissensmanagementwerkzeuge basierend auf Informationstechnologie sind die Verarbeitung von Information und Veränderungen in und außerhalb der Organisation in Echtzeit (Malik 1994; Richter 2010), was es allen teilnehmenden und an das Informationssystem angeschlossenen Mitarbeitern möglich macht, sich umgehend an Veränderungen anzupassen und aktuelle Entscheidungsgrundlagen zu haben (Richter 2010).

> Mit Hilfe von digitalen Informationstechnologien müssen Unternehmen damit nicht mehr zwingend bürokratisch und zentralistisch gestaltet werden, sondern können ein dezentrales Netzwerk flexibler und überschaubarer Einheiten bilden. (Richter 2010, S. 33)

Ein Artikel im Open Journal of Knowledge Management von Dirk Langenberg, Daphne Gross und Christian Kind nennt als Hinderungsgrund für den Einsatz von Wissensmanagementlösungen die Unkenntnis der verfügbaren Lösungen sowie eine mangelnde Kenntnis der zu berücksichtigenden Auswahlkriterien. Wichtig ist auch das Verständnis, dass es sich bei einer Plattform, die rein dem Dateienaustausch dient, noch nicht um eine Technologie des Wissensmanagements handelt (Langenberg et al. 2011).

Angelehnt an den Beitrag zur Auswahl von Wissensmanagementwerkzeugen im Open Journal of Knowledge Management, lassen sich Technologien des Wissensmanagements vier Kategorien zuordnen: Wikis, Groupware bzw. Collaboration-Management-Systeme, strukturierte Wissensdatenbanken und Enterprise Search Engines (Langenberg et al. 2011, S. 6 f.). Zentrale Kriterien, die es bei der Auswahl zu berücksichtigen gilt, sind in jedem Fall die folgenden drei: Art und Größe der Organisation, zu Verfügung stehendes Budget und Schwerpunkt

Tab. 3.1 Vergleich der Wissensmanagementwerkzeuge. (Quelle: Langenberg et al. 2011, S. 7)

	Wiki	Strukturierte Wissensdatenbank	Collaboration Management, Groupware	Enterprise Search
Schwerpunkt	Verlinkung von Texten	Strukturierung, Workflows	Interaktion	Dokumentensuche
Welche Hauptanwender werden angesprochen?	Kleine/mittlere Organisationseinheiten	Alle Unternehmensgrößen, Wissensintensive Arbeiten	Mittlere/große Unternehmen, Fokus auf Zusammenarbeit	Große Unternehmen mit mehreren Datenquellen
Häufige Einsatzgebiete	Glossar, Lexikon	Handbuch, Lessons Learned, FAQ	Foren, E-Learning, Dokumentenverwaltung	Big Data, Thesaurus, Unternehmens-Google
Ungefähre Kostenspanne in Tsd. €	0–10	8–35	20–80	50–150
Anteil anwendender Unternehmen [18]	Wikis 26 %	Zusammenarbeit an Dokumenten 43 %	Soziale Netzwerke 53 %	Verschlagwortung
Systembeispiele	Confluence, Mediawiki, Drupalwiki	KMmaster, WissIntra	MS Sharepoint, IBM Connections	Exalead Cloudview, IBM/Vivisimo Velocity, X1

(Langenberg et al. 2011). Weitere Kriterien müssen aber ebenfalls immer im Einzelfall in den Entscheidungsprozess einbezogen werden wie zum Beispiel, welche Lösung die Konkurrenz verwendet, welche künftigen Entwicklungen inner- und außerhalb der Organisation zu erwarten sind, welches Know-how bezüglich der verfügbaren Softwarelösungen im Unternehmen bereits vorhanden ist, welche Software die Organisation bereits nutzt und wie kompatibel diese hinsichtlich der potentiellen Wissensmanagementsoftwarelösung ist. Tabelle 3.1 zeigt die vier genannten Wissensmanagementwerkzeuge im direkten Vergleich.

▶ **Wikis** Wikipedia ist Beispiel für den Erfolg von Wikis. Das gemeinsame Erstellen und Weiterentwickeln von Artikeln zu relevanten Themen lässt sich auch im Unternehmen umsetzen. Obwohl sowohl KMUs als auch große Unternehmen Wikis einsetzen, machen die niedrigen Eintrittsbarrieren sie vor allem zu geeigneten Werkzeugen für kleine Organisationseinheiten. Ein Toolvergleich diverser Wikis findet sich in der Studie „Die Qual der Wiki-Wahl" von Figura und Gross (2013).

▶ **Strukturierte Wissensdatenbank** Hier liegt der Fokus auf der Gliederung und Strukturierung von Wissen (Langenberg et al. 2011). Durch Strukturierung und vorgegebene Abläufe soll die Qualität des Wissens sichergestellt werden.

▶ **Collaboration-Management/Groupware** In diese Kategorie fällt beispielsweise Microsoft Sharepoint, welches bereits in vielen Unternehmen Verwendung findet. Der Fokus liegt hier auf der Zusammenarbeit und dem Austausch zwischen dezentralisierten Teams und Mitgliedern. Hier gilt es jedoch zu beachten, dass der reine Austausch von Daten über diese Plattform noch kein Wissensmanagement ist. Möglich ist es jedoch, das Wissensmanagement in und mit diesem Werkzeug umzusetzen (Langenberg et al. 2011, S. 7).

▶ **Enterprise Search** Hierbei handelt es sich einfach ausgedrückt um eine Suchmaschine zur organisationsspezifischen Suche und Nutzung vorhandener Informationsquellen (Langenberg et al. 2011, S. 7 f.). Bisher jedoch sind diese Softwaresysteme eine kostenintensive Investition (Langenberg et al. 2011, S. 8).

Doch gerade die technologische Entwicklung ermöglicht es oftmals, auf kostspielige Spezialanfertigungen zu verzichten und auf Vorhandenes im World Wide Web aufzubauen. So befindet Cachelin die Entwicklung eigener Instrumente für das Wissensmanagement für obsolet:

> Das Netz ist voll von Instrumenten, mit denen Wissen gesammelt, geordnet, priorisiert, illustriert und durchsucht werden kann. Viele davon sind gratis. Google ist die ultimative Suchmaschine, Linked-In das ultimative Kompetenzverzeichnis, Instagram das ultimative Fotoarchiv, Twitter die ultimative Linksammlung, Klout der ultimative Reputationsindex. Wer eigene Instrumente entwickelt, begibt sich in einen Kampf mit den Internetgiganten und spezialisierten Communities. Diesen Kampf kann man nur verlieren. Externe Experten haben mehr Ressourcen, sie sind schneller und besser als die eigenen Entwickler. (Cachelin 2014, S. 10)

Ein weiterer Vorteil laut Cachelin in der Nutzung bestehender Lösungen (Cachelin 2014) ist, dass die Mitarbeiter bereits bestens vertraut mit der Nutzung dieser Lösungen sind. Usability fußt größtenteils auf der Gewohnheit der Nutzer. Die erfolgreichen Social-Media-Größen unserer Zeit wie Twitter, Google oder Facebook beeinflussen das Nutzerverhalten in dem Ausmaß, dass andere Screendesigns und Funktionen oftmals keine andere Wahl haben, als sich daran anzupassen, um im Web 2.0 erfolgreich sein zu können.

3.2 Learning Communities am Beispiel von SAP

Das Spannende an der Learning Community von SAP aus unternehmerischer Sicht ist sicherlich, dass Kunden des Unternehmens Teil der Zielgruppe sind. Projektleiter, Teamleiter und Prozessverantwortliche können sich selbst weiterbilden und über neue IT-Lösungen von SAP informieren, um diese anschließend im eigenen Unternehmen umzusetzen (Satow und Schulze 2013). Zudem können SAP-Kunden ihre Mitarbeiter zu zertifizierten SAP-Beratern ausbilden lassen. SAP gelingt dadurch neben einer langfristigen Kundenbindung auch ein stetiger Wissens- und Informationsaustausch mit dem Kunden, was wertvoll für Produktentwicklung und Vertrieb sein kann. Für SAP selbst ist der entscheidende Unterschied von bisher genutzten Trainings zu E- & Mobile Learning Angeboten die Bildung von Communities. Communities ergänzen also die bisherige Form der Lernprozesse und bieten folgende Vorteile, wenn sie erfolgreich umgesetzt werden (Cachelin 2014, S. 16):

- freier Austausch über Lerninhalte unter den Teilnehmern, aber auch mit dem Trainer
- Transfer des Gelernten in Aufgaben, die Teil des Lernkonzepts sind, wie z. B. Blogartikel über das Training oder Wikiartikel zu gelernten Themen
- Austausch in der Community auch über die Zeit des Trainings hinaus, um auf Probleme und Fragen in der Anwendung Hilfe und Antworten zu finden

Essentiell bei der Bildung von Communities ist das Erreichen einer kritischen Masse an Teilnehmern, da ansonsten die erhofften Effekte der Community nicht entstehen können. SAP ist dies recht schnell gelungen, u. a. aufgrund einer überschaubaren Auswahl an Trainingsthemen und einer Begrenzung auf die englische Sprache zur Einführung der neuen Trainingsform (Cachelin 2014). Grundlegend für den Aufbau einer Community ist die technische Plattform, welche den Austausch unter räumlich getrennten Teilnehmern und Trainern möglich macht und beispielsweise Foren und Blogs beheimatet (Cachelin 2014). Die Umsetzung der Learning Community bei SAP zeigte, dass die Integration von Communities in Schulungen und Trainings aller Art eine Umgestaltung des didaktischen Aufbaus erforderlich macht, ebenso wie eine umfangreiche zeitliche Verfügbarkeit der Trainer. Bei der Umsetzung einer Community gilt es zu beachten, die Zugangshürden so gering wie möglich zu halten, ebenso sollte die Vernetzung der Teilnehmer der Community im Idealfall Bestandteil der täglich genutzten Kommunikationsmittel sein, um eine regelmäßige Nutzung der Community-Plattform zu fördern. Des Weiteren sollte der Nutzen für den User schnell erkennbar und relevant sein. Ebenso entscheidend für den Erfolg einer Community ist die Eigenschaft der Netzwerkeffekte. Der wohl wichtigste dieser Effekte beschreibt den Nutzen des einzelnen Nutzers, der eine quadratische Wachstumskurve mit steigender Teilnehmerzahl aufweist (Shapiro und Varian 1999). Weitere positive Effekte von Learning Communities sind oft schwierig zu messen. Die Erfahrungen von SAP verweisen auf informelle Lernprozesse, die sich der Messbarkeit entziehen und längerfristige Effekte besitzen sollen. Dies gilt es bei einer Evaluierung zu beachten, um die Effekte und den Erfolg einer Learning Community nicht zu unterschätzen.

3.3 Social Networking als Wissensmanagement bei der Siemens Division Building Technologies

Auch bei References+ der Siemens Division Building Technologies liegt das Hauptaugenmerk auf der Bildung einer Community und dem Social-Networking-Gedanken. Wissenstransfer und Kommunikation über räumliche Distanzen stellen auch hier die angestrebten Effekte des Wissensmanagements dar. Die Informationsbeschaffung wandelte sich durch die Einführung eines Wissensmanagementsystems bedeutend. Informationsbeschaffung war in der Vergangenheit sehr stark vom eigenen Netzwerk und den verfügbaren Kontakten über E-Mail, Telefon oder vor Ort abhängig (Müller und Stocker 2012, S. 4). Diese Hürden in der Zugänglichkeit von Information sollen durch ein Wissensmanagementsystem verringert oder sogar ganz überwunden werden (Müller und Stocker 2012). Über eine Intranetanwendung wird es möglich, zeitnah und unternehmensweit relevante Projektreferenzen und Lösungen zu finden, welche von Bedeutung für die Erstellung eines Angebots oder das eigene Projekt sind (Müller und Stocker 2012, S. 5). Der Anspruch war es jedoch nicht, eine vollständige Datenbank zu erstellen, wichtiger sind hier die Vernetzung der Mitarbeiter und die Bildung einer Community, welche die Generierung von Wissen und die Bereitstellung von Informationen sowie Erfahrungswerten untereinander und selbständig zu Stande bringt (Müller und Stocker 2012, S. 8). Tabelle 3.2 zeigt eine Übersicht der Funktionen von References+.

Wie auf bekannten Social-Media-Plattformen gibt es auch in References+ für jedes Communitymitglied eine Profilseite. Auch andere Anwendungen und Funktionen sind an Social-Media-Plattformen angelehnt, sodass die User Experience sich an Gewohnheiten des Users anlehnt und eine schnelle und intuitive Nutzung ermöglicht wird. Unter anderem gibt es eine Kommentarfunktion, die

Tab. 3.2 Funktionen von References+. (Quelle: Müller und Stocker 2012, S. 8)

Inhalte und Suche	Subskription	„Member Page"	Weitere Services
Wissensreferenzen	Benachrichtigungen durch E-Mail-Benachrichtigungen	Profilbild und „About me"-Text	Barrierefreier Zugang durch automatische Authentifizierung
Feedback-Funktion	RSS-Feeds	Anzeige der aktuellen Lokalzeit	Content-Export auf weitere Intranet-Seiten
Diskussionsforen	„Folgen" anderer Community-Mitglieder	SMS-Versand	KML-Schnittstelle zu Google Earth
Microblog	Newsletter	Instant Messaging	
Volltextsuche		LDAP-Kopplung ans zentrale Mitarbeiterverzeichnis	
Metadatensuche			
Geographische Suche (Google Maps)			

der Kundenrezension im Internet gleicht, sodass Wissensreferenzen bewertet und kommentiert werden können (Müller und Stocker 2012, S. 9). Zudem ist es über eine Microblogging-Funktion möglich, eigene Erfahrungen ähnlich wie auf Twitter zu veröffentlichen, ohne jedoch durch eine Zeichenlimitierung eingeschränkt zu werden. Bei der Betrachtung solcher Anwendungen ist es wichtig, ein möglichst großes Unternehmen und eine komplexe Organisationsstruktur im Kopf zu behalten, da erst hier der Nutzen der Funktionen deutlich wird. Durch die Bildung sozialer Netzwerke über webbasierte Plattformen verbessert oder ermöglicht sich erst der Zugang zu vorhandenem Wissen und Erfahrungen im Unternehmen. Der CEO der Siemens Building Technologies Division, Johannes Milde, sieht die Vorteile und den Nutzen von References+ wie folgt:

> References+ provides a platform for sharing and leveraging our knowledge and experience across geographic and organizational borders. By learning from each other, we can save valuable time, react faster to our customers' demands, provide better solution and service quality, and thus obtain a higher customer satisfaction. (Müller und Stocker 2011, S. 15)

Um die aktive Teilnahme der User von Beginn an anzuregen und zu steigern, wurden durch eine Reihe von internen Wettbewerben Anreize gesetzt, möglichst häufig und regelmäßig auf der Plattform eigene Erfahrungen und Wissen zu veröffentlichen. Nutzer mit den meisten Beiträgen wurden durch Incentives belohnt (Müller und Stocker 2012, S. 18).

3.4   Social Forecasting bei Tchibo

Mit mehr als 2500 Verkaufsstellen in Europa lockt Tchibo wöchentlich Kunden an die Regale (Ivanov 2012). Tchibo bietet ein wöchentlich wechselndes Sortiment aus textilen Produkten, Haushalts- und Elektrogeräten. Die Planung und das Forecasting für ein solches Angebot sind enorm aufwendig. Umso interessanter ist es, einen Blick hinter die Kulissen des Tchiboangebots zu werfen. Vor der Einführung des Social Forecastings stützte sich das Demand Planning auf Testkaufszenarien und Konsumentenbefragungen (Ivanov 2012). Doch dieses Vorgehen ist ein sehr kostenintensives Verfahren. An dieser Stelle kommt das Social Forecasting in Spiel, welches sich das kollektive Wissen, das in einer Organisation wie Tchibo vorhanden, jedoch nicht ohne weiteres abrufbar ist, zunutze macht. Im Social Forecasting werden nicht externe Personen und potentielle Konsumenten befragt, sondern internes Wissen wird genutzt, indem eine Auswahl an Mitarbeitern mit entsprechendem Wissen befragt wird (Ivanov 2012). Die Ergebnisse aus der Befragung der Mitarbeiter werden durch einen Algorithmus in direkt anwendbare Vorhersagen der Verkaufszahlen für neue Produkte (Ivanov 2012) kalkuliert. Die befragten Mitarbeiter sind unter anderem Shop-Manager oder Experten, die über Fachwissen im relevanten Bereich verfügen. Das Wissen dieses Personenkreises wurde in einer Plattform innerhalb des Tchibo Intranets gesammelt (Ivanov 2012). Auch Tchibo versuchte, die aktive Teilnahme der Mitarbeiter durch Anreize wie Amazon-Gutscheine oder monatliche Rankings der besten Forecaster zu stimulieren (Ivanov 2012). Für das Ranking wurden die tatsächlichen Verkaufszahlen mit den vorhergesagten Werten der Mitarbeiter abgeglichen, was die Motivation der Mitarbeiter zur Teilnahme an den Forecasts erheblich steigerte. Die Vorteile des Social Forecastings liegen ganz klar in der Zeit- und Kostenersparnis sowie dem Zugewinn an Flexibilität. Ein weiterer Benefit ist sicherlich auch die Wertschätzung, die der einzelne Mitarbeiter dadurch erfährt, dass sein Wissen zu den essentiellen Entscheidungen des Unternehmens beiträgt (Ivanov 2012).

3.5   Das Wissensmanagement der Zürcher Genossenschaft Kalkbreite

Bei dem Bauprojekt Kalkbreite handelt es sich um den Bau eines Gebäudes im Kreis 4 der Stadt Zürich, welches sich das Wissen der Genossenschaftsmitglieder durch sinnvolles Wissensmanagement zunutze macht. Die spätere optimale Nutzung und der optimaler Betrieb des Gebäudes sollen durch eine ständige und aktive Partizipation der Mitglieder in der Planung und Konzeption des Gebäudes sichergestellt werden (Wittlin 2013). Die Mitglieder konnten sich in Themengruppen einbringen, welche jeweils zu abgesteckten Themenbereichen arbeiteten. Des Weiteren fanden sogenannte Werkstätten statt, welche den Austausch von Wissen und Erfahrungen zwischen Mitgliedern und Themengruppen ermöglichten. In sogenannten Planbars konnten Themengruppen ihre Arbeit und ihr Vorhaben präsentieren, was ein direktes Feedback und eine gemeinsame Entscheidungsgrundlage möglich machte (Wittlin 2013). Aber auch der virtuelle Austausch über Wikispaces wurde durch die Bereitstellung einer Online-Kollaborationsplattform bewerkstelligt. Konzepte, Ideen und Pläne der Themengruppen konnten hier eingesehen und diskutiert werden. Der interessante Aspekt dieser Form des Wissensmanagements ist die ständige Nutzung, Bewertung und Bewahrung von Wissen innerhalb der Gemeinschaft. Wissen wird durch kontinuierlichen Austausch erweitert, verbessert und zu einem gemeinschaftlichen Wissen gewandelt, welches von allen Beteiligten genutzt werden kann und zudem sicherstellt, dass die „Resultate [...] benutzerfreundlich und sachdienlich" sind (Wittlin 2013, S. 32). Der Erfolg des Wohnbauprojekts Kalkbreite zeigt deutlich die Vorteile der Einbindung von geschicktem Wissensmanagement.

In dieser Fallstudie wird

[d]urch wissensbasierte Mitgliederpartizipation [...] nicht nur die Qualität von Wohnbauprojekten nachhaltig gesichert, sondern auch die genossenschaftlichen Werte Selbsthilfe, Selbst- und Eigenverantwortung, Demokratie, Gleichheit, Gerechtigkeit, und Solidarität gefördert. (Wikipreneurship Contributors 2015)

Wie man mit dem Trend Wissensmanagement im Unternehmen umgehen sollte – Ergebnisse aus der Marktforschung und Handlungsempfehlungen

4.1 Entwicklungsstand Deutscher Unternehmen in der wissensbasierten Wirtschaft

Einer Studie des Fraunhofer Instituts für Produktionsanlagen und Konstruktionstechnik (IPK) zufolge sind es bereits heute die „immateriellen Ressourcen [, die] einen wesentlich höheren Einfluss auf den Geschäftserfolg deutscher Unternehmen haben" als die physische Ausstattung (Alwert et al. 2014). In dieser Studie wurden 139 Unternehmen am Standort Deutschland zur Einschätzung der Faktoren des intellektuellen Kapitals auf ihren Geschäftserfolg befragt. Intellektuelles Kapital ist hier gleichgesetzt mit immateriellen Werten und Ressourcen. Gerade im Zuge der Entwicklung der Wissensgesellschaft wird dem Begriff des intellektuellen Kapitals von Unternehmen, aber auch einzelnen Personen immer mehr Beachtung geschenkt. Diese Relevanz wird auch seitens der Politik sehr deutlich, so hat zum Beispiel das Bundesministerium für Wirtschaft und Technologie im Oktober 2008 eine Dokumentation zur Erstellung von Wissensbilanzen im Rahmen der Initiative „Fit für den Wissenswettbewerb" veröffentlicht (Alwert et al. 2008). Dieser Leitfaden soll besonders mittelständische Unternehmen dabei unterstützen, ihre Aufmerksamkeit auf das intellektuelle Kapital zu richten, um sich weiterhin Wettbewerbsvorteile und einen Vorsprung auf dem Markt zu sichern (Alwert et al. 2008). In einer Wissensbilanz wird das intellektuelle Kapital in drei Kategorien betrachtet: Human-, Struktur- und Beziehungskapital (Alwert et al. 2014). Humankapital entspricht dabei dem Wissen und den Fähigkeiten der Mitarbeiter. Das Strukturkapital beinhaltet die Unternehmensprozesse und -strukturen, die im Unternehmen realisiert werden, um den Geschäftssinn zu verfolgen, und das Beziehungskapital beschreibt die Beziehung zu Kunden, Partnern, Lieferanten und Öffentlichkeit (Alwert et al. 2008). Abbildung 4.1 zeigt die Einordnung des immateriellen

© Springer Fachmedien Wiesbaden 2016
A. Ternès et al., *Capacity-Management im Zeitalter der Wissensgesellschaft,*
essentials, DOI 10.1007/978-3-658-12838-8_4

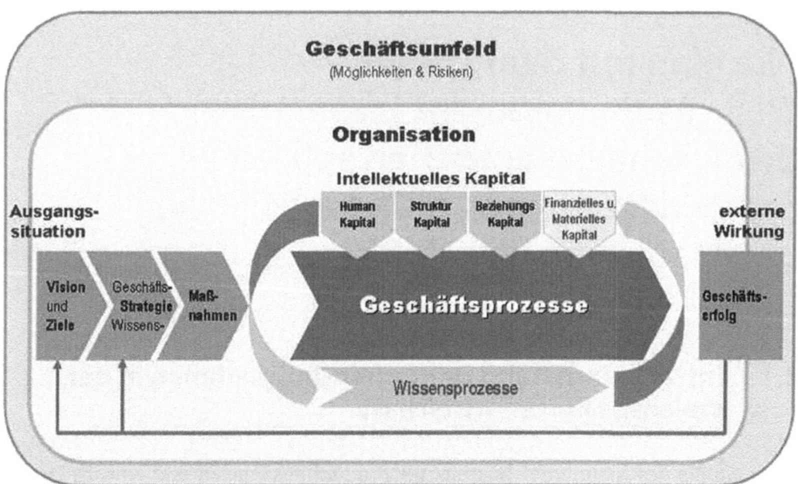

Abb. 4.1 Wissensbilanzmodell. (Quelle: Alwert et al. 2008, S. 10)

Kapitals für die Erstellung einer Wissensbilanz, worin die zentrale Bedeutung des intellektuellen Kapitals deutlich wird.

Die Studie des Fraunhofer Instituts ergab, dass die wichtigsten Erfolgsfaktoren im Bereich des Humankapitals gesehen werden, wobei die Bewertung des Humankapitals mit der Größe des Unternehmens abnimmt (Alwert et al. 2014). Je größer das Unternehmen also ist, desto weniger werden die Fähigkeiten und das Wissen der Mitarbeiter als ausschlaggebend betrachtet. Auch die Führungskompetenz wird als vergleichsweise weniger relevant für den Geschäftserfolg angesehen, was jedoch für eine wissensbasierte Unternehmensführung eine bedeutender Rolle spielt (Alwert et al. 2014). Im Vergleich von inhabergeführten und managementgeführten Unternehmen kommt die Erhebung zu folgender Erkenntnis:

> Eignergeführte Unternehmen bewerten die Faktoren des Intellektuellen Kapitals überwiegend besser als managementgeführte Unternehmen, was ihnen in Zukunft einen Vorteil in der wissensbasierten Wirtschaft verschaffen könnte. (Alwert et al. 2014, S. 6)

Insgesamt wird das Humankapital als das wichtigste angegeben, gefolgt vom Strukturkapital, worunter die folgenden Faktoren genannt wurden: Fachkompetenz, Kundenbeziehungen, Mitarbeitermotivation, soziale Kompetenz, IT, explizites Wissen und Führungskompetenz (Alwert et al. 2014). Die Studie zeigt auch, dass Nachholbedarf in der Mitarbeitermotivation besteht. Selbiges gilt für den Wissenstransfer und die Zusammenarbeit. Eine Wissensbilanz haben bisher jedoch erst 2,4 % der befragten Unternehmen erstellt. Ob sich die Wissensbilanz tatsächlich durchsetzen wird, bleibt fraglich.

4.2 Auswahl des richtigen Wissensmanagementansatzes

Die Studie der Pumacy Technologies AG (2014) gibt einen Überblick über die Verbreitung und Nutzung der verschiedenen Ansätze des Wissensmanagements. In einem Diagramm werden die Ansätze anhand ihres aktuellen Entwicklungsstands verortet, also ob sie sich noch in der Entwicklung befinden oder bereits breit genutzt werden und sich bewährt haben. Die Studie wurde mittels einer Befragung von Visionären und Anwendern von Wissensmanagementansätzen im April und Mai 2013 erhoben (Kahlert et al. 2012). Ein erstes interessantes Ergebnis ist sicherlich, dass Wissensmanagement sich zwar weitestgehend als präsentes Thema etabliert hat, es in Unternehmen jedoch vergleichsweise selten spezifische Positionen oder Einheiten gibt, die dem Wissensmanagement zugeordnet sind (Kahlert et al. 2012). Des Weiteren wird in der Studie darauf hingewiesen, dass die Definition, was als Wissensmanagement verstanden wird, oftmals aus einer rein praxisrelevanten Perspektive betrachtet und somit als „Software unterstützte Disziplin wahrgenommen wird" (Kahlert et al. 2012, S. 3). Gemeint sind damit u. a. „Suchmaschinen, Wikis, Wissensdatenbanken, aber auch Applikationen, wie Customer Relationship Management (CRM)- Programme, Produktlebenszyklusmanagement (PLM)-Systeme, Intranets und selbst Archivierungstechnologien" (Kahlert et al. 2012, S. 3). Wesentlich ist jedoch, dass Softwarelösungen nur eine Komponente des Wissensmanagements darstellen (Kahlert et al. 2012).

Abbildung 4.2 dieser Studie verortet die Methoden und Technologien in Phasen der Aufmerksamkeit, welche „eine Innovation bei ihrer Markteinführung durchläuft" und zeigt, „dass der Großteil der untersuchten Wissensmanagement-Praktiken bereits im operativen unternehmerischen Einsatz angekommen ist" (Kahlert et al. 2012, S. 6).

Hilfreich für Unternehmen, welche sich neu mit dem Thema Wissensmanagement befassen, ist die vorgenommene Kategorisierung von Wissensmanagementpraktiken, die in Abb. 4.3 ersichtlich ist. Unternehmen sollten sich zuallererst über den Schwerpunkt und das Ziel der Implementierung einer Wissensmanagementmethode klar werden.

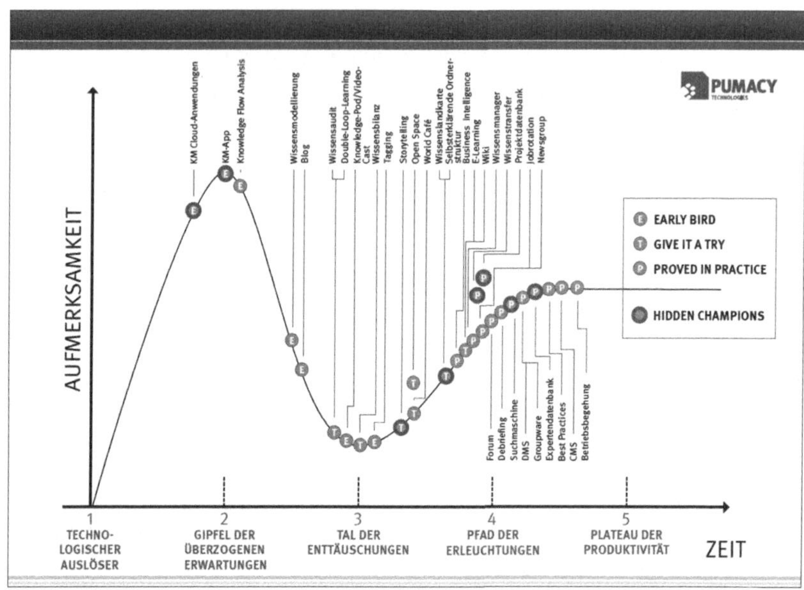

Abb. 4.2 Wissensmanagement-Praktiken entlang des Hype Cycles. (Quelle: Kahlert et al. 2012, S. 6)

WISSEN ERFASSEN	WISSEN AUFBEWAHREN	WISSEN ANWENDEN
• Best Practice • Debriefing • Wissenslandkarte • Knowledge Flow Analysis • Wiki • Storytelling • World Café • Wissensmodellierung	• Wissenstransfer • Projektdatenbank • Content Management System • Document Management System • Selbsterklärende Ordnerstruktur • KM Cloud-Anwendung	• Wissensmanager • Expertendatenbank / Yellow Pages • Business Intelligence • Knowledge-Pod / Video-Cast
WISSEN BEWERTEN	**WISSEN ENTWICKELN**	**WISSEN VERTEILEN**
• Suchmaschine • Tagging • Wissensaudit • Wissensbilanz	• Betriebsbegehung • Jobrotation • E-Learning • Open Space	• Groupware System • Blog / Mikroblog • Forum / Wissensmarktplatz • Double-Loop-Learning • Newsgroup / Feeds / RSS • Knowledge Management-App

Abb. 4.3 Wissensmanagement-Praktiken nach Kategorien. (Kahlert et al. 2012, S. 8)

Ist das beabsichtigte Resultat des Wissensmanagements in einer Organisation erörtert, sind die Methoden aus der jeweiligen Kategorie genauer zu betrachten. Eine weitere Einteilung in Trendstatus dient als Entscheidungsgrundlage aufgrund der Eigenschaften der Organisation sowie wie trendbewusst die gewählte Methode sein soll (Kahlert et al. 2012, S. 9). Organisationen, die sich selbst als Innovatoren und trendbewusst definieren und einschätzen, wählen beispielsweise eher eine Methode der Kategorie „Early Bird". Die vier Kategorien werden wie folgt beschrieben (Kahlert et al. 2012, S. 14):

▶ **Early Bird** Diese Praktiken sind relativ neu und befinden sich noch in der Erprobungsphase. Sie sind vor allem für die Weiterentwicklung des Wissensmanagements von Bedeutung und damit auch für die Forschung interessant. Trendsetter, Pioniere und Early Adopters sollten ihnen besondere Aufmerksamkeit widmen.

▶ **Give it a try** Diese Ansätze sind bereits seit einiger Zeit im Praxiseinsatz, führen aber ein Nischendasein. Die Praktiken sind eher interessant für Organisationen, die bereits über ein etabliertes Wissensmanagement verfügen.

▶ **Proved in Practice** Hier sind Wissensmanagementpraktiken zusammengefasst, die sich in der Praxis gerade durchsetzen oder bereits einen etablierten Stand erreicht haben. Organisationen, die als Anfänger Wissensmanagementstrukturen aufbauen wollen, sollten am besten auf Technologien dieser Gruppe zurückgreifen.

▶ **Hidden Champion** Diese Praktiken sind bereits in einigen Bereichen verbreitet, aber wenig bekannt. Sie werden durchgehend positiv bewertet und zeichnen sich durch ein gutes Kosten-Nutzen-Verhältnis aus.

Abbildung 4.4 gibt eine Übersicht über die Einteilung der Wissensmanagementmethoden in die oben beschriebenen Kategorien.

Ein abschließendes, wenn auch wenig überraschendes Fazit der Studie bewertet „Praktiken, die seit Langem verbreitet sind und positiv bewertet werden", als risikoarme Wahl, „die sich mit hoher Wahrscheinlichkeit auch auszahlt" (Kahlert et al. 2012, S. 38).

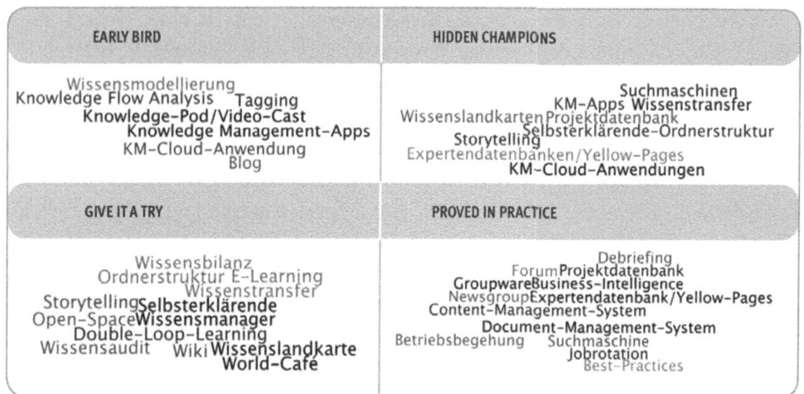

Abb. 4.4 Wissensmanagementpraktiken nach Trendstatus. (Quelle: Kahlert et al. 2012, S. 9)

4.3 Zum optimalen Management von Wissensarbeit

Die Studie Wissensarbeiter und Unternehmen im Spannungsfeld von Hays, PAC und der Gesellschaft für Wissensmanagement betrachtet den Wissensarbeiter im Umfeld von und in Beziehung mit Unternehmen (Stiehler et al. 2013). Der Begriff Wissensmanagement wird hier als Management der Wissensarbeiter verstanden. Durch Interviews mit Experten der Wissensarbeit, Führungskräften und Wissensarbeitern selbst war es das Ziel der Studie herauszufinden, welche Bedeutung die Entwicklung hin zur Wissensgesellschaft für das Management von Wissensarbeit hat, welche Problematiken es gibt und wie damit umgegangen wird. Als Wissensarbeiter werden „hochqualifizierte Fachkräfte" verstanden, „die mit ihrem Wissen wesentlich zur Wertschöpfung der Unternehmens beitragen" (Stiehler et al. 2013, S. 5). In der Studie werden sechs Thesen zum Management von Wissensarbeit genannt (Stiehler et al. 2013, S. 7):

1. Wissensarbeiter müssen als Individuen in den Fokus rücken.
2. Wissensarbeiter benötigen für ihre Arbeit breit gefächerte und stabile Netzwerke.
3. Festangestellte Wissensarbeiter brauchen Coaches und keine Kontrollfreaks.
4. Wissensarbeiter sollten nicht an Zeiten und Orte gebunden sein.
5. Wissensarbeiter benötigen Kompetenzen, die über das „reine" Wissen hinausgehen.
6. Zur optimalen Wissensabschöpfung ist ein effektiver Austausch mit den externen Spezialisten zu gewährleisten.

Diese Thesen wurden anschließenden den Ergebnissen aus der Befragung gegenübergestellt, woraus fünf Handlungsempfehlungen an Unternehmen zum Umgang mit Wissensarbeit und Wissensarbeitern abgeleitet wurden:

1. **„Wissen als strategische Ressource nutzen"**
   Die Befragung ergab, dass es eine Diskrepanz zwischen Anspruch und Wirklichkeit bei der Umsetzung des Managements von Wissensarbeit in den Unternehmen gibt. Unternehmen müssen also intern überprüfen, „inwiefern das Bild von der ‚Wissensarbeiter-Organisation' tatsächlich von den Führungskräften der unterschiedlichen Hierarchieebenen bestätigt und gelebt wird" (Stiehler et al. 2013, S. 26).

2. **„Wissensarbeiter nicht mit Routinetätigkeiten binden"**
   Durch Routinetätigkeiten kann der Zugriff auf das vorhanden Wissen im Unternehmen behindert werden, und der „Wertschöpfungsbeitrag" bleibt ungenutzt (Stiehler et al. 2013).

3. **„Vernetzung und Austausch über Social Media ist ein Lernprozess"**
   Mitarbeiter, besonders ältere, sind noch zurückhaltend bei der Nutzung von Social Media. Deshalb sollten Unternehmen die Mitarbeiter an die entsprechenden Anwendungen heranführen, die Nutzung fördern und beispielsweise jüngere Mitarbeiter als Vorbilder einsetzen (Stiehler et al. 2013, S. 26).

4. **„Externe Wissensarbeiter stärker als Know-how-Lieferanten nutzen"**
   Die Studie ergab, dass die Zusammenarbeit mit externen Wissensarbeitern und die „Koordination des externen Know-hows im Arbeitsalltag" noch verbessert werden muss (Stiehler et al. 2013).

5. **„Festangestellte Wissensarbeiter mit den richtigen Dingen ködern"**
   Selbstbestimmtes Arbeiten, ein sicherer Arbeitsplatz, fachliche Weiterentwicklung sowie zeitliche und örtliche Flexibilität sind Eigenschaften, welche der Hays-Studie zufolge besonders von festangestellten Wissensarbeitern geschätzt und gewünscht sind (Stiehler et al. 2013).

Die Studie „Wissensarbeiter und Unternehmen im Spannungsfeld" zeigt deutlich, dass es an der Zeit ist, dass Unternehmen sich auf die Anforderungen und Erwartungen der Wissensarbeiter einstellen, um sich im Recruitment von talentierten Mitarbeitern durchsetzen zu können.

4.4   Subtrends des Megatrends und wie Unternehmen diese sinnvoll nutzen können

Das „Trend Kompendium 2030" der Unternehmensberatung Roland Berger nennt drei globale Entwicklungen vor dem Hintergrund der Global Knowledge Society, welche insbesondere für Unternehmen von Bedeutung sind. Hierbei wird einem Subtrend eine Handlungsempfehlung gegenübergestellt. Der erste dieser Subtrends beschreibt globale Vernetzung von Wissen, was den Zugang und die Nutzung von Wissen erleichtert und erhöht. Im Jahr 2030 werden User bis zu drei Gigabyte Daten pro Tag verarbeiten, und die Analphabetenquote in Entwicklungsländern wird weiter fallen (Roland Berger Trend Kompendium 2030 2011). Auf diese Entwicklung der zunehmenden Verfügbarkeit und Vernetzung von Wissen müssen Unternehmen vorbereitet sein, um davon profitieren zu können und auch im Jahr 2030 wettbewerbsfähig zu bleiben. Das Trend Kompendium rät hier dazu, ein System zu erstellen, das sich Wissen aus unterschiedlichsten Quellen zunutze macht und innerhalb eines effizienten und zeitaktuellen Netzwerks bereitstellt (Roland Berger Trend Kompendium 2030 2011). Zu den Bestrebungen von Unternehmen gehöre es dann auch, offen für das Wissen anderer zu sein, Wissen zu teilen und gemeinsam Wissen zu generieren (Roland Berger Trend Kompendium 2030 2011). Des Weiteren werden soziale Netzwerke, semantische Web Technologien und Open Innovations eine wichtige Rolle für das Teilen von Wissen spielen (Roland Berger Trend Kompendium 2030 2011).

Der zweite genannte Subtrend betrifft die Geschlechterkluft in der Arbeitswelt, welche bis 2030 abnehmen, aber nicht gänzlich verschwinden wird (Roland Berger Trend Kompendium 2030 2011). Vor diesem Hintergrund sollten sich Unternehmen darauf einstellen, für weibliche Arbeitskräfte attraktiv zu sein. Diese Attraktivität kann vor allem durch flexible Arbeitsmodelle, Unterstützung bei der Betreuung von Kindern und transparente Karrieremöglichkeiten, die nicht mit der Voraussetzung einer Vollzeittätigkeit verbunden sind, gesteigert werden (Roland Berger Trend Kompendium 2030 2011).

Der dritte Subtrend ist bereits bekannt durch den Begriff War for Talents. Auf Arbeitgeber warten Zeiten mangelnder Fachkräfte, wovon besonders Nordamerika, Westeuropa und China betroffen sein werden. Künftig gilt es also, ein noch stärkeres Augenmerk auf die Fachkräftegewinnung und auch -bindung zu legen. Diese Suche nach neuen Mitarbeitern beschränkt sich dabei nicht mehr nur auf den eigenen Markt, sondern findet im Idealfall international statt, beispielsweise direkt an den entsprechen Ausbildungsstätten und Universitäten (Roland Berger Trend Kompendium 2030 2011). Auch hier spielen soziale Netzwerke eine immer bedeutendere Rolle, mittels welcher kostengünstig Kandidaten für vakante Stelle gefunden werden können. Auch die Mitarbeiterbindung muss beachtet werden, da gerade in der Wissensgesellschaft das Wissen langjähriger Mitarbeiter wertvoller denn je geworden ist. Dem Trend Kompendium zufolge kostet der Verlust eines Mitarbeiters auf der mittleren Managementebene bis zu 100 % seines Jahresgehalts (Roland Berger Trend Kompendium 2030 2011). Es gilt also, Arbeitsbedingungen zu schaffen, welche Mitarbeiter langfristig halten, worunter neben anderen die folgenden fallen: transparente und eindeutige Karrieremöglichkeiten, eine ausgeglichene Work-Life-Balance, eine klare Kommunikation von Zielen, Verantwortlichkeiten und Rollen, ein kontinuierliches Feedback und die Qualität der Führung und Anleitung (Roland Berger Trend Kompendium 2030 2011).

Wissensmanagement gilt Trendforschern als das große Zukunftsthema – nicht nur für Unternehmen. Man spricht auch davon, dass sich die Gesellschaft zu einer Wissensgesellschaft entwickelt hat. Produktion und Produkte stehen dabei an zweiter Stelle.

Dies erfordert ein Umdenken in der Gesellschaft, Politik und Wirtschaft, um Ressourcen zu nutzen sowie vorhandenes Wissen zu sichern und weiterzugeben.

Unternehmen stellt es vor die Herausforderung, vorhandenes Wissen strategisch und strukturiert zu managen. Etwas, was über eine lange Zeit hinweg oftmals nicht thematisiert wurde, gerät damit in den Blickpunkt. Begriffe wie Storytelling zur Konservierung von Wissen im Unternehmen illustrieren dies.

Betrachtet man Wissensmanagement in Unternehmen genau, fällt schnell auf, dass es sich hierbei nicht um ein überall gleich einsetzbares Tool handelt. Stattdessen sind individuelle ganzheitliche Lösungen gefragt, die die Eigenart eines jeden Unternehmens im Blick haben. Tools wie Datenbanken bilden dabei nur einen Baustein. Zugleich stehen Unternehmen vor der Aufgabe, wissensbasierten Positionen die passenden Arbeitsbedingungen zu schaffen.

© Springer Fachmedien Wiesbaden 2016

33

A. Ternès et al., *Capacity-Management im Zeitalter der Wissensgesellschaft,*
essentials, DOI 10.1007/978-3-658-12838-8_5

Was Sie aus diesem Essential mitnehmen können

- Der Wandel zur Wissensgesellschaft verändert Gesellschaft, Politik und Wirtschaft so grundlegend, dass sich Unternehmen diesem nicht verwehren können.
- Die Wissensökonomie erfordert die Einführung eines produktiven Wissensmanagements im Unternehmen.
- Die Auswahl richtigen Wissensmanagementwerkzeugs ist nicht zu unterschätzen.
- Eine informationstechnologische Lösung ist nur eine Komponente des Wissensmanagements.
- Die richtigen Bedingungen für den Wissensarbeiter müssen vom Unternehmen geschaffen werden.

© Springer Fachmedien Wiesbaden 2016
A. Ternès et al., *Capacity-Management im Zeitalter der Wissensgesellschaft,*
essentials, DOI 10.1007/978-3-658-12838-8

Literatur

Alwert, K., Bornemann, M., Will, M., & Arbeitskreis Wissensbilanz c/o Fraunhofer-Institut für Produktionsanlagen und Konstruktionstechnik (IPK) Bereich Unternehmensmanagement. (2008). *Wissensbilanz – Made in Germany*. Dokumentation. Berlin: Bundesministerium für Wirtschaft und Technologie (BMWi) Öffentlichkeitsarbeit.

Alwert, K., Bornemann, M., Meyer, C., Orth, R., Steinhöfel, E., Will, M., & Wuscher, S. (2014). *„Wissensstandort Deutschland" Deutsche Unternehmen auf dem Weg in die wissensbasierte Wirtschaft*. Berlin: Kohl, Holger.

Bell, D. (1973). *Die nachindustrielle Gesellschaft*. Frankfurt a. M.: Campus.

Bell, D. (1976). *The coming of post-industrial society: A venture in social forecasting*. New York: Basic Books.

Bell, D. (1982). *The social sciences since the Second World War*. New Brunswick: Transaction Books.

Bittlingmayer, U. H. (2001). „Spätkapitalismus" oder „Wissensgesellschaft"? *Aus Politik Und Zeitgeschichte, Wissensgesellschaft, B36*, 15–23. http://www.bpb.de/apuz/26055/spaetkapitalismus-oder-wissensgesellschaft. Zugegriffen: 3. März 2015.

Bundesministerium für Bildung und Forschung. (2013). *Weiterbildung: Lebenslanges Lernen sichert die Zukunftschancen*. http://www.bmbf.de/de/lebenslangeslernen.php. Zugegriffen: 12. März 2015.

Cachelin, J. L. (2014). *Das Ende des Wissensmanagements. Zehn Thesen zur Zukunft des Wissensmanagements*. St. Gallen: Wissensfabrik.

Europäisches Parlament. (2000). SCHLUSSFOLGERUNGEN DES VORSITZES. In *Sondersitzung EUROPÄISCHER RAT 23. und 24. März 2000 LISSABON*. Lissabon: Europäisches Parlament. http://www.ifz-muenchen.de/das-institut/veranstaltungsrueckblick/veranstaltung/datum/2013/06/05/die-europaeische-wissensgesellschaft/. Zugegriffen: 17. Dez. 2014.

Figura, M., & Gross, D. (2013). Die Qual der Wiki-Wahl. Wikis für Wissensmanagement in Organisationen. Studie der Pumacy Technologie AG. https://www.pumacy.de/publikationen/studien/wikis-fuer-wissensmanagement. Zugegriffen: 10. Nov. 2015

Gemperle, M. (2009). Die gesellschaftspolitische Bedeutung der Wissensgesellschaft. In *Berichte des Instituts für Wirtschaftsethik* (Bd. 112, S. 1–27). St. Gallen: Instituts für Wirtschaftsethik der Universität St. Gallen.

Hayek, F. A. (1945). The use of knowledge in society. *The American Economic Review, 35*(4), 519–530.

© Springer Fachmedien Wiesbaden 2016

A. Ternès et al., *Capacity-Management im Zeitalter der Wissensgesellschaft*, essentials, DOI 10.1007/978-3-658-12838-8

Heidenreich, M. (2002). *Merkmale der Wissensgesellschaft* (S. 1–20). Oldenburg: Universität Oldenburg.

IBM. (2014). A smarter planet. http://www.ibm.com/big-data/us/en/. Zugegriffen: 17. Jan. 2015.

Ivanov, A. (2012). The approach: Social forecasting. http://www.community-of-knowledge. de/beitrag/social-forecasting-for-new-products/. Zugegriffen: 10. Feb. 2015.

Kahlert, T., Langenberg, L., Bredehorst, B., Gross, D., Frost, I., & Spier, S. (2012). *Wissensmanagement-Trends 2014–2023*. Berlin: Pumacy Technologies.

Kajetzke, L., & Engelhardt, A. (2013). Leben wir in einer Wissensgesellschaft? *Aus Politik Und Zeitgeschichte, Wissen, 18–20*, 28–35.

Krüger-Charlé, M. (2007). Zeitdiagnose Wissensgesellschaft: Überlegungen zur Rekonstruktion eines öffentlichen Diskurses. In *Institut Arbeit und Technik. Jahrbuch 2007* (S. 1–13). Gelsenkirchen: Institut Arbeit und Technik.

Langenberg, D., Gross, D., & Kind, C. (2011). Sucht ihr noch oder wisst ihr schon? Vergleich von Wissensmanagementlösungen. *Open Journal of Knowledge Management, IV*.

Luhmann, N. (1994). *Die Wissenschaft der Gesellschaft*. Frankfurt a. M.: Suhrkamp.

Malik, F. (1994). *Management-Perspektiven. Wirtschaft und Gesellschaft, Strategie, Management und Ausbildung*. Bern: Paul Haupt.

Müller, B. (2009). *Wissen managen in formal organisierten Sozialsystemen. Der Einfluss von Sozialstrukturen auf die Wissensretention aus systemtheoretischer Perspektive*. Wiesbaden: GWV Fachverlage (H. A. Wüthrich, Ed.).

Müller, J., & Stocker, A. (2011). Wissensaustausch mit Web 2.0 – Ein richtungsweisendes Konzept von Siemens, Building Technologies Division. Personalentwicklung 20 Lernen Wissensaustausch Und Talentförderung Der Nächsten Generation, 183–196.

Müller, J., & Stocker, A. (2012). Siemens building technologies division: Globaler Wissens- und Erfahrungsaustausch mit References+. In S. S. Andrea Back, M. Koch, & P. Schubert (Hrsg.), *Schriftenreihe zu Enterprise 2.0-Fallstudien* (S. 3–23). München: Enterprise 2.0 Fallstudien-Netzwerk.

North, K. (2011). Wissensorientierte Unternehmensführung. Zhurnal Eksperimental'noi i Teoreticheskoi Fiziki. doi:10.1007/978-3-8349-6427-4.

Pfeiffer, D. I., & Kaiser, S. (2009). *Auswirkungen von demographischen Entwicklungen auf die berufliche Ausbildung*. Bonn: Bundesministerium für Bildung und Forschung (BMBF).

Powell, W. W., & Snellman, K. (2004). The knowledge economy. *Annual Review of Sociology, 30*(1), 199–220. doi:10.1146/annurev.soc.29.010202.100037.

Probst, G., Raub, S., & Romhardt, K. (2006). *Wissen managen – Wie Unternehmen ihre wertvollste Resource optimal nutzen*. Frankfurt a. M.: Gabler.

Ptak, R. (2008). Paradoxien der Wissensgesellschaft. Vom Wert des Wissens. Retrieved March 20, 2015. http://www.studis-online.de/HoPo/Hintergrund/wissen.php. Zugegriffen: 19. März 2015.

Pumacy Technology AG. (2014). Wissensmanagement-Trends 2014–2023: Was Anwender nutzen und Visionäre erwarten. https://www.pumacy.de/publikationen/wissensmanagement-trendstudie/#gf_6. Zugegriffen: 3. März 2015.

Richter, N. (2010). Das Unternehmen als dezentrale Wissensordnung und die Vernetzung durch digitale Informationstechnologien. Wissensmanagement von Morgen und Übermorgen. Trends, Visionen und Herausforderungen. *Open Journal of Knowledge Management, I*, 29–34.

Roland Berger Trend Kompendium 2030. (2011). *Roland berger strategy consultants trend compendium 2030*. München: Roland Berger.

Satow, L., & Schulze, S. (2013). Aufbau einer Learning Community bei SAP. *Open Journal of Knowledge Management, VII*, 15–20.

Shapiro, C., & Varian, H. R. (1999). The information economy. *Information Rules A Strategic Guide to the Network Economy, 21*, 1–18. http://www.sims.berkeley.edu/~hal/pages/sciam.html. Zugegriffen: 20. März 2015.

Spiegel Online. (2005). *Sprache: „Humankapital" ist Unwort des Jahres*. http://www.spiegel.de/kultur/gesellschaft/sprache-humankapital-ist-unwort-des-jahres-a-337259.html. Zugegriffen: 30. Nov. 2014.

Springer Gabler Verlag. (Hrsg.). (o. J.). *Gabler Wirtschaftslexikon, Stichwort: Humankapital*. http://wirtschaftslexikon.gabler.de/Archiv/54658/humankapital-v8.html. Zugegriffen: 13. Jan. 2015.

Stehr, N. (1994). *Arbeit, Eigentum und Wissen. Zur Theorie von Wissensgesellschaften*. Frankfurt a. M.: Suhrkamp.

Stehr, N. (2001). Moderne Wissensgesellschaften. *Aus Politik Und Zeitgeschichte, Beilage Zur Wochenzeitung „Das Parlament", B 36*, 7–14.

Stehr, N. (2005). Aktuelle Probleme der Wissensgesellschaft: Bildung, Arbeit und Wirtschaft. In K. Kempter (Hrsg.), *Heidelberger Jahrbücher, Band 49, Bildung und Wissensgesellschaft*. Berlin: Springer.

Stiehler, D. A., Schabel, F., & Möckel, K. (2013). *Wissensarbeiter und Unternehmen im Spannungsfeld. Eine Studie von Hays, PAC und der Gesellschaft für Wissensmanagement*. Mannheim: HAYS.

Weber, M. (1992). Wissenschaft als Beruf. In J. von Winckelmann (Hrsg.), *Gesammelte Aufsätze zur Wissenschaftslehre* (S. 524–579). Tübingen: J. C. B. Mohr.

Wikipreneurship Contributors. (2015). *Genossenschaftliche Grundsätze*. http://wikipreneurship.eu/index.php?title=Genossenschaftliche_Grunds%C3%A4tze&oldid=9779. Zugegriffen: 21. März 2015.

Willke, H. (1998). Organisierte Wissensarbeit. *Zeitschrift Für Soziologie, 27*(3), 161–177.

Wittlin, C. J. (2013). Das Wissensmanagement der Zürcher Genossenschaft Kalkbreite. *Open Journal of Knowledge Management, Vii* (Erste Auflage).

Weiterführende Literatur

Doberstein, S. (2013). Wissensmanagement in der Praxis: Methoden und Werkzeuge. *Open Journal of Knowledge Management, VII* (Erste Auflage).

Wissensmanagement von Morgen und Übermorgen. (2010). Trends, Visionen und Herausforderungen. *Open Journal of Knowledge Management*, Ausgabe I. http://www.community-of-knowledge.de/fileadmin/user_upload/attachments/pb_OpenJournalOfKnowledgeManagement_CoK_r.pdf.

Lesen Sie hier weiter

Anabel Ternès, Ian Towers, Marc Jerusel

Konsumentenverhalten im Zeitalter der Digitalisierung

2015, VII, 46 S., 10 Abb.
Softcover € 9,99
ISBN 978-3-658-09399-0

Anabel Ternès, Ian Towers, Marc Jerusel

Konsumentenverhalten im Zeitalter der Mass Customization

2015, VII, 43 S., 9 Abb.
Softcover € 9,99
ISBN 978-3-658-09845-2

Änderungen vorbehalten.
Erhältlich im Buchhandel oder beim Verlag.

Einfach portofrei bestellen:
leserservice@springer.com
tel +49 (0)6221 345 - 4301
springer.com

Springer Gabler